IMPRESSIONS
DE GUERRE

(Extraits du Journal de route
d'un Caporal du 153ᵉ régiment d'infanterie)

PAR

M. Louis BARRAULT

EXTRAIT DU *Bulletin de la Société des Sciences historiques et naturelles
de l'Yonne*, 1ᵉʳ SEMESTRE 1916.

AUXERRE
IMPRIMERIE GALLOT, RUE DE PARIS, 47
—
1917

IMPRESSIONS DE GUERRE

Par M. Louis BARRAULT

(Extraits du Journal de route
d'un caporal du 153ᵉ régiment d'infanterie)

Ceci n'est pas une histoire de la guerre. Qu'on ne cherche pas, dans les lignes qui vont suivre, le récit d'événements sensationnels ou des études stratégiques : c'est simplement ce que, pendant quelques mois, un caporal d'infanterie a pu réunir d'impressions sous le ciel lorrain, dans les brouillards de la Somme, ou sous le beau soleil du Midi : impressions très variables selon les endroits, visions de guerre dans les deux premières parties pour finir en une admiration passionnée de la Nature, de cette nature féerique du Midi, de ce pays enchanté dont les splendeurs font tout oublier... tout..., jusqu'à l'atroce réalité.

....

Fontainebleau, 24 août 1914. — Un détachement doit partir ce soir. Oh! alors, il faut rattraper le temps perdu. C'est l'affolement général, il faut équiper tout le monde en peu de temps, courir à droite, à gauche, chercher sacs, fusils, vivres, car jusqu'ici nous n'avions absolument rien touché. Quel après-midi! Tout se fait pourtant et, le soir arrivant, nous sommes prêts.

Changement de programme. Nous ne partirons que demain à une heure, nous pouvons aller nous coucher. Je regagne mon lit pour une dernière nuit, et maintenant, il me faudra attendre longtemps pour en retrouver un. La suite de ce récit le dira.

Dans la nuit, nous regagnons notre cantonnement et le 25, à 2 heures et demie, nous sommes sous les armes, les épaules un peu tirées par ce sac auquel nous ne sommes plus habitués et prêts à partir.

Le soleil se lève, et il fait grand jour quand nous débouchons sur le quai de la gare.

J'avais vu des départs de troupe pour le front, j'avais été profondément touché de leur enthousiasme à aller combattre « l'ennemi héréditaire », mais, pour la première fois, quand massés sur le quai, pendant qu'un de nous chantait d'une voix vibrante : « *Flotte, petit Drapeau* », j'ai senti planer au-dessus de nous quelque chose de grand, j'ai compris ce que c'était qu'un idéal, ce que c'était que la Patrie!

De l'autre côté de la barrière, des civils, des femmes surtout, sont venus nous accompagner, un groupe de quatre cavaliers, un homme et trois amazones les dominent, et quand le train s'ébranle, tous nous souhaitent bon voyage et nous disent : « Au revoir », d'un même cœur. Tous, riches ou pauvres, sont animés d'un même sentiment et l'on peut dire que vraiment tous les cœurs battent à l'unisson.

Le commandant du dépôt est resté sur le quai et tant que le train défile, il reste au « Garde à vous », la main au képi, dans l'attitude du salut; son regard, que je n'oublierai jamais, voit certainement plus loin et je suis sûr qu'il songe à ceux qui ne reviendront pas... Pendant ce temps, nous sommes tout à la joie de partir, d'aller, enfin, nous rendre utiles à quelque chose, de combattre pour cette France que jamais nous n'avons tant aimée que depuis qu'on la menace.

Nous roulons, nous voici dans l'Yonne; tout le long de la ligne, nous sommes salués par les acclamations de la population et nous répondons de notre mieux. A Sens, une vieille femme accoudée à une barrière nous fait des signes joyeux, mais au moment où mon wagon passe devant elle, son idée se reporte vers ceux qui vont mourir et ses mains se joignent dans un geste d'imploration; son regard, joyeux, se charge de tristesse et semble nous dire : « Pauvres gars! »

Laroche, me voilà presque chez moi. Oh! le bon café que nous sert le service des étapes; cela nous réconforte et nous rend tout joyeux!

Au moment où le train s'ébranle, une religieuse s'approche des wagons et offre des paquets de médailles de la Sainte Vierge; chacun en prend une et la conserve soigneusement. Que ce petit acte en dit long sur la mentalité actuelle de la France! Je ne vois pas en temps ordinaire une religieuse allant offrir de pieuses médailles à un train d'hommes! Quels quolibets elle aurait entendus! Aujourd'hui, c'est avec des remerciements qu'on la reçoit.

On nous signale des wagons contenant, paraît-il, des prisonniers allemands.

En route pour Dijon; je salue d'un souvenir ému le tunnel de Blaisy, Combes-la-Roche, Malain et autres jolis coins des environs de Dijon où, en compagnie d'un ami très cher, je me suis tant plu à excursionner il y a trois ans; je ne comptais pas les revoir en d'aussi tragiques circonstances.

Nous ne savons pas où nous allons et les commentaires vont leur train; chacun a un « tuyau » qui, avouons-le, ne vaut pas mieux que celui du camarade.

....

Dombasle (Meurthe-et-Moselle), 27 août 1914. — Le canon approche, nous voyons des trous d'obus dans les champs, les fils télégraphiques sont coupés; les Boches ont passé par là.

Un ordre passe. Un convoi de prisonniers allemands doit nous croiser, défense de dire quoi que ce soit. Deux charrettes pleines défilent et tous les soldats français contemplent avec curiosité les premiers Boches vus de près. Pas une parole, pas un geste, rien; pourtant, l'un de nous trouve le moyen d'obtenir d'un prisonnier un calot qu'il conserve précieusement.

La journée est longue et tout le monde commence à être fatigué. Quelques-uns murmurent contre le lieutenant conduisant le détachement qu'ils accusent de nous avoir perdus, de nous avoir fait faire trop de chemin.

Une petite critique en passant : ne pourrait-on pas intéresser davantage, lorsque cela se peut, bien entendu, et que la discipline n'a pas à en souffrir, intéresser, dis-je, le soldat français à ce qu'il fait; le long détour qui a tant allongé notre marche aujourd'hui était nécessaire, pour que, au cas où le fort dominant Pont-Saint-Vincent eût été obligé de tirer, nous ne gênions pas son feu. Nous avons appris cela trois jours après; si nous l'avions su plutôt, cela eût évité bien des critiques injustifiées envers un officier qui ne les méritait pas.

Un aéro planant au-dessus de nous vient changer le cours de nos idées.

L'ennemi est, paraît-il, à six kilomètres.

Un autre aéro apparaît plus loin, puis tout autour se piquent des flocons blancs produits par l'éclatement des shrapnells. Tous, nous suivons anxieusement les péripéties de ce drame aérien, véritable premier fait de guerre qu'il nous est permis de contempler. Avec une grande satisfaction, nous voyons l'aéro sortir de la zone d'éclatement des projectiles et revenir vers nous; il est sauvé!

Sommerviller. — Les Allemands étaient là, le 23 août; nous contemplons curieusement des traces de balles sur les portes, les murs, les carreaux brisés; un habitant a été tué, des maisons pillées.

21 *heures*. — On nous réunit tous pour nous donner les instructions : nous sommes en « cantonnement d'alerte », c'est-à-dire que nous devons coucher tout équipés, le fusil à côté de nous, prêts à partir au premier signal; demain peut-être irons-nous au combat. Immédiatement, l'humeur change, nous ne sommes plus fatigués, tout le monde est prêt à repartir tout de suite, et c'est avec impatience qu'on attend le moment de se mesurer avec les Boches.

Un blessé allemand passe à côté de nous; cette fois, c'est fait, nous sommes bien réellement en guerre et tous, moi en tête, nous ne pouvons y croire, nous n'avons pourtant qu'à regarder autour de nous, nous avons l'impression d'être en manœuvre et c'est tout.

28 *août* 1914. — A 1 heure 30, alerte, tout le monde en bas; nous sommes vite prêts, le départ est pour 3 heures, mais ce n'est qu'une heure après que nous quittons Sommerviller pour **Crévic**.

Tout le long de la route, nous croisons des malheureux qui fuient avec quelques haillons dans un mouchoir; ce sont ceux qui ne veulent partir qu'au dernier moment, et qui ne peuvent alors plus rien emporter; ce sont surtout des vieux qui, trop enracinés au sol natal, ne peuvent se décider à le quitter et qui pourtant s'y trouvent obligés. Oh! les expressions navrantes de certaines pauvres vieilles qui s'en vont en pleurant, sûres d'avance de ne plus retrouver le foyer abandonné. Le spectacle de ces fuyards est certainement le plus triste de la guerre; un champ de bataille a encore sa beauté, sa grandeur, mais la vue de ces malheureux qui n'ont plus rien que ce qu'ils ont sur le dos emplit l'âme d'une grande mélancolie. Pauvres victimes innocentes!

Nous arrivons à Crévic. Un corps de bâtiment est brûlé, il ne reste plus que les murs; deux chevaux sont étendus, morts, au milieu de la rue, tués par un obus! Nous nous arrêtons au bord d'un ruisseau, le Sanon, et nous attendons les ordres.

Le canon tonne sans interruption, un vieil habitant nous raconte que l'ennemi est à six kilomètres et « que les horreurs de 70 sont dépassées », paroles qui ne seront que trop justifiées par la suite.

Nous devons occuper le village; j'en profite pour l'explorer. Presque toutes les maisons ont été détruites, tout a été brûlé.

Ordre de rejoindre le bord du ruisseau. En cherchant dans les jardins abandonnés, nous arrivons à nous confectionner un déjeuner au moyen de pommes de terre et de haricots, en y joignant quelques boîtes de « singe » (bœuf de conserve), cela peut aller. C'est notre premier repas au son du canon!

10 *heures*. — Nous sommes toujours en réserve. Quelques obus tombent autour du village.

10 *heures* 45. — Nous sommes campés dans une petite prairie située entre la rivière et Crévic. Tout d'un coup, un obus éclate près de nous, ou, du moins, nous le croyons plus près qu'il n'est en réalité; au même moment, un pan de mur calciné s'écroule à côté de nous; immédiatement, nous nous aplatissons nez contre terre et sac sur le dos; nous avons besoin de nous aguerrir! Inutile de dire que le rire a eu vite fait de remplacer le petit frisson d'angoisse!

Nous retournons visiter le village. Que de dégâts! Les Boches n'ont même pas respecté la villa du général Lyautey qui ne subsiste plus qu'à l'état de ruine; elle a été pillée de fond en comble et le champagne du général a coulé à flots. Les Allemands, paraît-il, d'après ce que nous raconte une habitante, entraient quatre par quatre dans les maisons, arrosaient tout de pétrole et mettaient le feu; les habitants qui sortaient étaient fusillés. D'étranges spectacles se rencontrent de place en place : à la hauteur d'un premier étage, une batterie de cuisine est restée intacte et suspendue au mur; un chien a été brûlé devant la cheminée de ce qui fut une salle à manger; un coffre-fort qui semble avoir été forcé gît au milieu des ruines et, de temps en temps, un squelette de bicyclette ou de machine à coudre dresse sa silhouette noircie. Tableau poignant, dans ce qui fut sa maison, une vieille femme cherche dans les pierres calcinées les ossements de son mari que les Boches ont repoussé dans la maison en flammes pour le faire brûler vif!

A côté de l'église, on a installé dans une maison particulière un hôpital de fortune; il renferme, entre autres blessés, deux Boches de 19 ou 20 ans, complètement imberbes, des gamins presque... tous deux sont condamnés. L'un d'eux nous demande par signes quel jour nous sommes, et nous arrivons à nous comprendre; il a, paraît-il, une plaie affreuse à la cuisse et ne se plaint pas. Il nous remercie d'un sourire, triste à en pleurer. Même en face des maisons brûlées par eux, au milieu de ce Crévic bouleversé par leur infamie, je ne peux m'empêcher de songer que ces blessés ont, quelque part, une mère qui les aime... comme sait aimer une mère, et, malgré moi, j'ai pitié d'eux et voudrais pouvoir les soulager. Quel horrible courage faut-il pour pouvoir achever un blessé!

20 heures. — Nous sommes menacés de coucher à la belle étoile. Aucun toit n'est plus disponible; il en reste bien un, mais c'est la maison de Dieu. Très obligeamment, M. le Curé de Crévic met son église à notre disposition; nous nous casons comme nous pouvons dans les bancs peu moelleux et l'obscurité se fait; de temps en temps, un coup de canon rompt le silence. Ma pensée se reporte à quelques siècles en arrière et, avec un peu d'imagination, je me figure être un preux chevalier médiéval faisant la veillée des armes.

....

4 septembre 1914. — Nous rejoignons Crévic où la canonnade sévit avec une intensité remarquable et nous sommes mis en réserve contre les murs plus ou moins chancelants de ce reste de pays. Les aéros tournoient sans cesse dans le ciel bleu; les obus font rage au-dessus de nous et passent si près que le déplacement d'air enlève des tuiles sur les toits et des moellons sur le haut des murs; heureusement que les projectiles vont éclater un peu plus loin, de l'autre côté du Sanon. L'un d'eux, mieux ajusté, tombe dans une rue voisine, à trente mètres de nous; résultat : un cheval tué et le feu à un caisson de munitions. Les cartouches commencent à faire explosion et nous voici transformés en pompiers. La mairie voisine fournit les seaux en toile, une chaîne s'improvise et tout rentre vite dans l'ordre. Je ne veux pas passer sous silence le beau sang-froid avec lequel un caporal de ma compagnie vidait les seaux d'eau dans le caisson embrasé, sans se soucier des cartouches qui crépitaient autour de lui.

La canonnade fait toujours rage et il devient dangereux de rester dans le pays où la chute des pans de mur peut venir doubler le danger de l'explosion des obus.

Nous nous replions sur les bords du canal de la Marne au Rhin, et nous devons défendre le pont, dans le talus duquel nous nous blottissons.

Une violente fusillade se fait entendre en avant de nous et, de temps en temps, passent quelques blessés; la nuit est fraîche et il ne fait pas chaud au bout de notre pont.

Toute la nuit la bataille continue.

Samedi 5 septembre 1914. — Aujourd'hui ressemble à hier, sans amener une minute d'interruption dans le fracas des détonations. Les Allemands veulent, paraît-il, reprendre Maixe et c'est un taube qui, nous ayant vu arriver hier à Crévic, nous a valu le copieux arrosage dont nous avons été gratifiés, mais qui ne nous a fait aucun mal.

Nous contournons Crévic et nous sommes face à Maixe sur une petite éminence, dans un rudiment de tranchée. Tout d'un coup, à 7 heures 30, un sifflement bien caractéristique, mais nouveau pour nous, se fait entendre; tout autour de nous, la terre se pique de petites boursouflures, cette fois nous avons affaire aux balles, c'est, je crois, le vrai baptême du feu. Le plus ennuyeux, c'est qu'on les entend venir avec leur bruit renforcé d'abeilles, sans qu'on puisse voir d'où elles viennent. Pas un ennemi n'est visible; quelle drôle de guerre! Nous tenons quatre heures dans notre coin et nous sommes obligés de nous replier en suivant le bord du canal; deux obus tombent dans l'eau et font jaillir de superbes gerbes de liquide; des bidons, des casques à pointe flottent sur le canal. Nous n'avons pas tiré un coup de fusil, mais tout le monde revient indemne : c'est l'essentiel.

Un repos bien gagné nous est accordé à l'ombre d'un bois jusqu'à quatorze heures. Quelle différence avec ce matin! De la verdure, du gazon, le calme parfait, et il y a quelques heures, la mort passait au-dessus de nous! Les sensations extrêmes se touchent continuellement en guerre!

Nous apprenons que le zeppelin que nous avions aperçu l'autre nuit était tout simplement un dirigeable français dont le passage avait été annoncé aux officiers.

10 *heures*. — Très haut, un taube évolue au-dessus de nous.

La nuit venue, nous grimpons dans les bois et nous nous promenons (« promenons » est une façon de parler) sur les hauteurs qui dominent la rive droite du Sanon. Après plusieurs stations, nous nous fixons enfin derrière des buissons dans un endroit d'où nous découvrons la vallée. Devant nous,

Maixe est en feu ainsi que quatre autres villages; le spectacle est tragiquement beau! Un clocher en flammes de la base au sommet, torche superbe, éclaire les environs. Le canon lui-même s'est tu; rien ne trouble le calme d'une belle nuit d'été.

Mais il faut repartir et Sommerviller nous accueille encore une fois et nous offre une grange pour chambre à coucher.

Voilà quarante-huit heures que nous n'avons fait un repas sérieux et certains murmurent que le ravitaillement, très beau en théorie, l'est beaucoup moins en pratique; mais avec toutes les marches et contremarches que nous venons d'effectuer, il me semble bien difficile qu'un convoi ait pu nous toucher à l'heure voulue.

. . . .

Bois de Crévic, 7 septembre 1914. — Depuis hier nous sommes dans le bois qui domine Crévic. Le canon n'arrête pas, le tir devient plus précis, les obus éclatent à très petite dstance, la terre jaillit sur nous et pendant ce temps, nous n'avons qu'à nous croiser les bras et à attendre... Deux blessés, l'un aux mitrailleuses et l'autre à la compagnie voisine.

Nous usons les heures à faire des tranchées, des abris, des talus pour nous protéger, si possible.

Pendant quarante minutes, la rafale n'arrête pas; les sifflements succèdent aux sifflements; notre vieille expérience (oh! combien) nous sert à nous rendre compte, par le bruit, de l'endroit où tombera le projectile. Mais qui pourra décrire l'énervement qui, malgré tout, vous gagne d'être là, immobile, sans pouvoir se défendre, attendant l'obus aveugle et brutal qui doit vous délivrer le billet d'entrée pour l'autre monde. C'est une sensation étrange qui vaut tous les sermons sur le néant des choses d'ici-bas; c'est à ce moment qu'on éprouve le besoin intense de se raccrocher à quelque chose de plus grand que l'Humanité et instinctivement la pensée se reporte vers Celui que beaucoup ont oublié et dont on se souvient au moment du danger.

C'est un miracle qu'encadré comme nous l'étions, les obus ne soient pas tombés sur nous; les artilleurs boches ne sont vraiment pas forts; s'ils avaient bien connu leur métier, pas un de nous ne devait sortir vivant de ce bois.

Mais le calme revient, ou plutôt le tir est dirigé sur un autre endroit. Le danger passé, on se remet à causer et à plaisanter comme avant, sans songer que d'autres camarades subissent à leur tour les minutes angoissantes que nous-mêmes traversions il y a quelques instants : la guerre rendrait-elle égoïste? Un de mes camarades disait tout à l'heure à côté de moi « qu'elle rendait meilleur » ; je suis de son avis, et je suis bien certain que ceux qui auront le bonheur de revenir excuseront, à leur retour, bien des choses qu'avant leur départ ils n'auraient jamais laissé passer. Rien ne vaut d'être placé en face de la mort pour réfléchir.

La conversation devient générale, je n'en retiens que cette opinion : « Lorsque les Russes seront à Berlin, la situation changera ». C'est certain, mais quand y seront-ils?

10 heures 45. — Une vive fusillade éclate en avant de nous. Nous nous couchons dans un fossé qui forme une tranchée naturelle à la lisière du bois; devant nous, la plaine, puis un bois où niche le gibier que nous chassons. Nous tirons sur le bois sans voir personne. Nous couchons sur notre position.

Les menus se réduisent à leur plus simple expression, mais nous commençons à en prendre l'habitude. Le manque de liquide commence à se faire sentir.

La nuit est relativement calme. Comme les nuits précédentes et celles qui suivront, je m'en vais deux heures en poste d'écoute. Avec deux soldats, nous nous allongeons dans l'herbe, en rase campagne, l'œil et l'oreille aux aguets. C'est à ce moment-là, dans le silence de la nuit, qu'on a le temps de réfléchir; involontairement, la pensée se reporte vers ceux qu'on a laissés derrière soi..., vers le passé. On songe également à l'avenir..., avenir un peu trouble. Personne ne doute du succès final, mais dans combien de temps?

Sur notre gauche, Haraucourt, je crois, est en flammes; c'est l'habituel spectacle de toutes les nuits.

Mardi 8 septembre 1914. — Aucun changement dans notre position. Quand et comment sortirons-nous de ce maudit bois? C'est le point d'interrogation que chacun se pose. Notre brave cuisinier a pu, au prix de quelle patience? arriver à nous confectionner un café en se servant uniquement de braise pour faire chauffer son eau. On nous distribue du pain, une corvée d'eau part, nous allons enfin avoir le strict nécessaire : c'est presque du luxe à côté du dénuement d'hier.

Et pendant ce temps, les obus continuent à passer au-dessus de nous. Il est curieux de noter l'indifférence manifestée pour ces projectiles qui, d'un moment à l'autre, peuvent nous apporter la mort : on n'y songe sérieusement que lorsqu'ils sifflent d'un peu trop près.

Un second café vient nous remonter un peu. La matinée est relativement tranquille; cependant, un obus éclate non loin de nous et fait trois blessés à la compagnie voisine; décidément, nous sommes veinards!

Alerte..., un guetteur signale trois formes humaines se promenant à l'extrémité de la plaine; le capitaine se rend compte que ce sont trois Boches en train de chercher un endroit où... ils puissent s'isoler. Trois fusils sont préparés et, avec une hausse de 600 mètres, deux hommes sont descendus; le troisième regagne le bois en courant.

Le potin du jour : l'armée allemande entrée en France serait coupée et nous irions nous reposer dans un fort; six mille Allemands ont été tués du côté de Nancy et nous aurions remporté une grande victoire dans le Nord.

Mercredi 9 septembre 1914. — Toujours dans le bois, nous passons le temps comme nous pouvons. Nous nous sommes construits des abris en feuillage. Dans l'après-midi, un violent duel d'artillerie vient nous distraire; deux blessés à la compagnie.

17 *heures*. — Nous reprenons position à la lisière du bois, et les sentinelles une fois posées nous nous endormons de bon cœur.

....

Vendredi 11 septembre 1914. — *Bois de Crévic*, 1 h. 30. — L'adjudant nous réveille. Depuis deux jours, la pluie n'arrête pas, mais malgré le temps épouvantable et les chemins idem, le fourrier a pu aller toucher des vivres. Il rapporte de la viande (pourquoi faire? puisqu'on ne peut allumer de feu!) et du pain, mais la pluie a transformé ce dernier en soupe! Si nous n'en souffrions pas, le spectacle serait plutôt drôle; peut-on, en effet, s'imaginer pouvoir, en pleine nuit, dans un bois sombre et par une pluie battante, distribuer du pain à une compagnie entière? Inutile de dire que personne ne se dérange, l'adjudant tempête, le fourrier crie, et rien n'avance. De désespoir, le pain est laissé au pied d'un arbre.

Souffrant de plus en plus, j'insiste auprès du capitaine pour aller me mettre au moins à l'abri. De nouveaux ordres sont, sans doute, arrivés depuis hier : on demande les noms des malades, dix-neuf se présentent et, en ma qualité de caporal, je prends le commandement du groupe. Nous devons, à une corne du bois, trouver les malades des autres compagnies et faire route ensemble sur la saline de Sommerviller, à quatre kilomètres.

Par des chemins transformés en ruisseaux de boue, nous gagnons l'endroit indiqué et là... nous ne trouvons personne. Conciliabule. Nous sommes d'accord pour continuer notre route, mais il faut quitter le bois et marcher en terrain découvert : cela peut devenir dangereux! Nous regagnons un autre petit bois. Des sacs français gisent de place en place, éventrés; plus loin, cinq des nôtres semblent dormir; hélas! ils ne se réveilleront plus... Cela jette un certain froid dans notre petite troupe.

Plus haut, nous atteignons une fontaine au pied d'une chapelle : c'est là que nous venons faire provision d'eau. L'endroit est repéré par les Boches, les preuves sont là, trois chevaux et un conducteur sont étendus sur le chemin. Et maintenant encore quelques pas et nous nous profilerons sur la crête, il faudra franchir environ cinq cents mètres de cette passe dangereuse. Cette perspective guérit neuf de mes poilus qui préfèrent retourner à leur point de départ. Nous nous espaçons le plus possible et traversons la zone dangereuse sans encombre. Avec quel soupir de satisfaction nous nous allongeons sur l'herbe d'un bois où nous nous croyons en sûreté. Une descente dans un ravin nous mène directement au port de salut, à l'ambulance de la saline de Sommerviller.

Je ne tiens plus debout, je suis exempt de service, mais malgré ma fatigue, je veux d'abord tâcher de me décrasser un peu. Le soleil se montre timidement et je suis heureux le trouver un robinet d'eau pour me nettoyer; de plus, nous sommes au bord du canal, l'eau ne manquera certainement pas! Je râcle ma capote avec un couteau pour la débarrasser du véritable enduit de boue qui la recouvre, et maintenant je suis libre.

Nous sommes dans une immense usine où sont installées les cuisines de toutes les troupes qui se trouvent en avant de nous; le tableau est étrange de cette véritable armée de cuisiniers s'agitant dans des nuages de fumée; de temps en temps, un coup de canon se fait entendre et un obus explose dans la plaine voisine.

Un grand grenier plein de paille est à notre disposition : avec quel plaisir je m'y étends! Des blessés arrivent à chaque instant. L'un d'eux meurt en arrivant; on le laisse sur son brancard, sous un hangar, et il me faut passer à côté de lui à chaque instant...

. . . .

Dimanche 13 septembre 1914. — Infirmerie de Sommerviller. — Coup de théâtre, ordre de partir immédiatement; le 20ᵉ corps irait, paraît-il, dans le Nord. Tout le monde se dépêche de réunir son matériel. Le major exulte à l'idée de changer de pays et nous avons tous un peu l'impression que la guerre est finie.

Les plus malades montent dans des charrettes; rien que l'idée de voir du pays me guérit, et me fait oublier la fatigue.

L'exemption d'un homme de mon escouade finissant hier, je l'avais chargé d'un mot pour le capitaine, lui donnant le résultat de la visite; ce mot n'est jamais parvenu à son adresse... c'était le premier mort de mon entourage immédiat.

Nous saluons Dombasle au passage et, à Varangéville, nous retrouvons un pays entier avec les éléments nécessaires à la vie civilisée; nous pouvons faire un repas à peu près satisfaisant, et surtout nous désaltérer avec la bonne bière que j'appelais de mes vœux depuis huit jours.

Malgré tout, je trouve la route longue, et c'est en traînant un peu la jambe que j'arrive à Lenoncourt. Les malades sont arrivés les premiers et nous n'avons qu'à attendre le régiment. Je retrouve « un pays » et, en dégustant force cafés au rhum, nous causons de la campagne passée, de celle à venir... et un peu aussi de notre lointaine Bourgogne.

Les Boches ont, toujours « paraît-il », puisque nous ne sommes sûrs de rien, déguerpi sans crier gare, dans la nuit du 11 au 12 septembre, laissant pour garder leurs tranchées les nombreuses victimes de notre 75; beaucoup étaient morts sans blessures apparentes, figés dans l'attitude où la Camarde les avait surpris; nombreux étaient les trophées pris par les camarades, toiles de tente, casques, même un fanion; combien de temps faudra-t-il traîner tout cela avant de pouvoir le mettre en sûreté.

Enfin, le 153 arrive et je peux rejoindre les copains, un peu étonné de me voir si vite revenu. Nous devons avoir repos demain.

Lundi 14 septembre 1914. — Changement de programme, nous partons à 5 heures, direction Nancy.

Art-sur-Meurthe. — Une inscription sur une vieille maison nous apprend que nous sommes devant la demeure du père de Jeanne d'Arc. Nous la saluons au passage.

Nous suivons les bords de la Meurthe, le soleil est avec nous, le paysage est superbe; nous longeons un mur de clôture qui n'en finit pas et, à un tournant de route, une porte apparaît : nous sommes à la Chartreuse de Bosserville. Dans le lointain, nous apparaissent de hautes collines coniques d'aspect très singulier; renseignements pris, ce sont les scories des hauts fourneaux de Jarville. Après la Chartreuse, un monument commémoratif nous indique qu'en 1813, nos ancêtres se sont fait tuer là : l'histoire n'est qu'un éternel recommencement.

On devine l'approche d'une grande ville : les maisons se font plus nombreuses, des guinguettes se montrent de place en place. Nous pouvons nous ravitailler facilement, mais la fatigue se fait sentir.

Nancy nous apparaît sur notre gauche; nous le contournons et passons dans les faubourgs. Nous sommes reçus avec enthousiasme; on nous offre des fleurs, des vivres, du tabac, etc... Nous ne comprenons rien à cette réception! Ce n'est que plus tard que nous apprendrons que le 20e corps vient de sauver Nancy de la botte allemande, et que tous ces gens nous sont reconnaissants de les avoir préservés de cette souillure... et de ses conséquences!

....

Vendredi 18 septembre 1914. — *Tremblecourt.* — Un événement sensationnel est annoncé : un homme de mon escouade, Trichard, va recevoir tantôt la Médaille militaire. Dans le bois de Crévic, il a été chercher des blessés en avant de la tranchée et il a eu la chance de les ramener.

Pour nous dégourdir un peu, nous allons, avant déjeuner, faire de l'école de compagnie dans les champs.

Déjeuner, puis chacun se met en grande tenue pour la prise d'armes de tout à l'heure.

Dans la plaine, le régiment se masse, le soleil brille, il fait vraiment un temps de fête. Avec le cérémonial habituel, la médaille est remise à son heureux titulaire et une autre à un soldat du train; le défilé traditionnel clôt la fête et nous regagnons nos cantonnements. Ce soir, les nouveaux décorés dîneront chez le colonel; ils étaient à la peine, c'est justice qu'ils soient à l'honneur.

Nous trouvons chez un indigène du miel sortant de la ruche et nous nous régalons à cœur joie. Il est curieux de remarquer comme la « bête humaine » a vite fait de reprendre ses droits; je n'éprouve aucun besoin intellectuel, la lecture que j'aime tant, et dont je n'ai ici aucune occasion, ne me manque pas. Par contre, je rêve de bons dîners, de plats succulents et... malheureusement impossibles; la plus petite trouvaille gastronomique me remplit de joie; cette impression ne m'est pas particulière, et tous nous la subissons.

....

Vendredi 25 septembre 1914. — Arvillers (Somme). — Quatre heures nous amènent le jour, la fin de la marche et le village d'Arvillers, bien des choses à la fois.

Tout le monde est fourbu et espère bien se reposer un peu. Les cuisiniers se mettent à l'ouvrage pour préparer le café traditionnel et chacun cherche un coin pour s'allonger. Quelques mots saisis au passage m'ont laissé supposer que notre séjour ici pourrait bien être de courte durée; je m'assieds tout bonnement au coin du feu et j'attends.

Nous sommes à la disposition du général. (Quel général? je n'ai jamais pu le savoir!) Quoi qu'il en soit, le canon tonne assez près de nous. Des troupes, artillerie et cavalerie, passent dans la rue du village; deux officiers anglais circulent en automobile. C'est une vie intense autour de soi.

Juste le temps de prendre le café et l'ordre de départ arrive. Un peu en grognant, le rassemblement s'effectue; il nous semblait pourtant qu'après la marche fatigante de la nuit (en réalité, nous n'avons fait que dix-neuf kilomètres), nous avions bien gagné quelques heures de repos, mais les ordres sont là.

La plaine immense est devant nous; nous qui croyions, cette nuit, marcher dans un désert, sommes surpris de voir quantité de villages de tous côtés.

Nous occupons les issues du Bouchoir.

Il fait un soleil superbe, les aéros nous survolent continuellement; un régiment de cuirassiers défile dans la plaine, le canon tonne au loin, tout a un air joyeux; je ne peux croire que nous sommes en guerre, il me semble être aux manœuvres et pourtant, en me retournant, je suis en face des bâtiments d'une ferme incendiée. Pour avoir le sentiment réel de la guerre, il faut le sifflement de l'obus ou de la balle.

12 heures. — Nous campons à l'entrée de Rouvroy. De chaque côté de nous, deux batteries d'artillerie nous assourdissent; les Allemands occupent, paraît-il, un village à deux kilomètres en avant de nous. Des goumiers arabes passent au bout de la rue.

Notre journée s'écoule dans l'attente et nous dormons profondément au soleil,

21 *heures*. — Nous partons prendre les avant-postes. Nous marchons dans le fossé de la grande route; sur notre gauche, à deux kilomètres environ, le village de Fouquescourt en flammes nous éclaire, les Boches sont derrière. Nous allons trop loin et revenons quelques centaines de mètres en arrière, nous passons la nuit très froide dans notre fossé. Nous sommes tranquilles, aucune attaque ne vient nous distraire, seule la contemplation de l'incendie d'en face nous empêche de dormir.

Samedi **26** *septembre* **1914**. — Nous regagnons Rouvroy. Quand nous l'avons quitté hier, l'église s'agrémentait d'un clocher; à notre retour, nous trouvons place ou plutôt toit net : surprise de la guerre.

Dans l'après-midi, nous partons en avant. Nous voici en plein sous le feu de l'artillerie. Dans la grande plaine, nous avançons par bonds; autour de nous les obus éclatent, de grandes colonnes de fumée noire s'élèvent de place en place, nous allons toujours en avant en songeant à l'effroyable bouillie qui résulterait d'un projectile bien dirigé.

Une ligne de chemin de fer coupe l'horizon, c'est le but à atteindre. Derrière, à cinq ou six cents mètres, un bois sert de repaire à l'ennemi.

La fusillade éclate tout à coup. Tout autour de nous, la terre se pique de petites éclaboussures et la cause de chacune d'elles peut amener la mort, mais on n'y pense pas. Il faut aller en avant; on y va, et c'est tout.

En rampant, nous atteignons, enfin, la ligne de chemin de fer de Chaulnes à Roye. Inutile de dire quel soupir de satisfaction nous poussons, lorsque le remblai nous offre son bel abri; nous voilà presque tranquilles... Les balles sifflent maintenant au-dessus de nous, et nous y répondons de notre mieux.

La nuit arrive et nous trouve dans la même position.

23 *heures*. — Nous devons quitter notre abri et revenir en arrière pour nous reposer à la Chavatte.

Dimanche **27** *septembre* **1914**. — Minuit nous voit arriver dans ce pauvre pays (47 habitants en temps de paix), mais comme il est composé de fermes assez importantes, le village offre de grands et nombreux bâtiments. Pauvres bâtiments bombardés, presque tous démolis et en flammes pour la plupart, et nous sommes venus ici pour nous reposer : quelle ironie!! Une ressource nous reste, nous allonger dans la rue et attendre, et c'est ce que nous faisons. Pendant ce temps, dans une cuisine à peu près intacte, nos cuisiniers préparent un café qui sera le bienvenu.

On ne saurait trop insister sur le courage et le dévouement nécessaires pour être cuisinier en campagne; déjà très dur en manœuvre, ce métier devient terrible en temps de guerre. Le « cuistot » (pour employer le terme consacré), soldat dans la journée, marche avec les camarades, et quand ceux-ci se reposent, il prépare la nourriture du lendemain : où et quand se repose-t-il? Mystère! Rendons donc hommage à nos vaillants cuisiniers; n'a-t-on pas dit que la Victoire appartenait à l'armée qui avait la meilleure soupe? Cuisiniers, mes amis, soignez votre bouillon!

Je m'occupe des distributions de vivres et il est trois heures quand je peux enfin m'allonger quelques instants sur un peu de paille.

Il faut profiter du reste d'obscurité et du brouillard intense qui nous enveloppe pour rejoindre notre position d'hier; nous nous reformons en colonne par quatre et en avant!

L'impression est sinistre de cette troupe d'hommes à moitié endormis déambulant dans une presque obscurité par un humide brouillard gris. Nous passons la dernière maison du village et tout d'un coup le sinistre bourdonnement des abeilles de mort éclate tout autour de nous. Nous sommes surpris! Comment décrire l'impression qu'on subit, quand se croyant en sécurité, on sent tout d'un coup les ailes de la Mort vous frôler?... J'y renonce.

Un léger temps d'arrêt, mais nous ne pouvons rester là; nous prenons le pas de gymnastique et trottons dans le brouillard qui nous protège. Béni soit-il! La zone dangereuse est passée; quelques camarades ont jalonné notre route... c'est la rançon. Nous nous reformons en colonne et, la ligne de chemin de fer redevenant le point à atteindre, nous avons deux kilomètres à parcourir.

Nous jouons décidément de malheur. A deux cents mètres du but, les balles nous assaillent drues comme grêle. Un commandement : « en tirailleurs à la ligne du chemin de fer! » Le mouvement s'exécute immédiatement et sans à-coups, et nous courons vers cette tranchée qui doit nous protéger, mais un champ de betteraves nous barre la route. Aux gens lourdauds, je recommande le petit exercice suivant : traverser un champ de betteraves avec tout l'équipement du fantassin sur le dos, en courant et sous une grêle de balles! D'un saut, je me laisse tomber au pied de la ligne, je ne peux plus souffler. Encore deux voies à traverser et nous aurons atteint le but. Un à un, pour ne pas offrir une cible trop visible, nous franchissons l'obstacle et, de l'autre côté, on se compte. Beaucoup sont restés dans le champ de betteraves... mais, heureusement, nous n'avons que peu de morts à déplorer; seuls, les blessés sont assez nombreux. Notre soi-disant repos nous avait coûté cher.

7 heures. — Nous tiraillons sur un bois à six cents mètres en avant de nous; les Boches sont toujours là.

....

17 heures 30. — Toujours dans la même situation, nous continuons nos tirs. Derrière nous s'étend la plaine, le soleil dans toute sa splendeur se couche lentement et teint superbement le ciel d'une pourpre embrasée; dans le fossé voisin, un blessé de ce matin (une balle dans la tête) râle lentement... L'astre et l'homme finiront en même temps... Demain, le premier renaîtra plus glorieux...; où sera le second?

Et le duel d'artillerie se poursuit de plus en plus violent.

....

Lundi 28 septembre 1914. — *La Chavatte.* — Nous allons occuper une tranchée à cinquante mètres en avant du village. Une surprise nous attend : sur le talus, nous trouvons un sac à moitié rempli de café et de sucre. Nous décidons que si, dans la journée, personne ne vient le réclamer, nous le garderons pour nous, ce qui fut fait.

La consigne est courte, mais précise : résister ici jusqu'à la mort.

Le duel d'artillerie continue, le ciel est gris, il ne fait pas chaud, immobiles que nous sommes dans notre fossé. Et, pendant les heures vides, les nouvelles circulent, venues on ne sait d'où : la bataille décisive serait engagée; si c'est vrai, attendons les résultats avec confiance.

Et la journée coule bien doucement...

17 heures. — Nous sommes toujours au même endroit, l'artillerie continue à faire rage. J'ai déjà deux morts et trois blessés à mon escouade.

Nous passons la nuit dans la tranchée et l'obscurité venue nous permet d'aller toucher nos vivres au village ; **on est** heureux de marcher un peu. Dans l'ensemble, nous ne sommes pas trop à plaindre.

A 22 heures, nous recevons chacun un quart de vin; c'est peu, semble-t-il, mais rien que cette petite chose, que l'on dédaignerait en bien d'autres circonstances, suffit à mettre tout le monde de bonne humeur.

Mardi 29 septembre 1914. — Nous changeons de tranchée et sommes contre le village. Notre nouveau poste est situé en bordure d'un pré et dissimulé par des haies; nous avons la position idéale d'où nous pouvons voir la plaine sans être vus. La haie protectrice nous permet d'aller et de venir jusqu'au village sans qu'on puisse nous voir. Au moyen de planches, portes, volets « empruntés » aux maisons voisines, nous tâchons de rendre notre abri provisoire le plus confortable possible; cela remplit notre matinée.

L'après-midi, je vais me promener et visiter le pays ou plutôt ce qu'il en reste; les obus y tombent toujours de temps en temps, mais on commence à ne plus y faire attention.

Poules, vaches et cochons errent à l'aventure dans les rues; un troupeau de moutons bien gras fait songer à d'impossibles gigots; une vache porte au flanc une blessure d'obus. De chaque côté de la rue, les maisons sont brûlées et bombardées, très peu sont intactes.

Un château entouré d'un grand parc aux vertes frondaisons a dû être, autrefois, l'asile rêvé du calme; aujourd'hui, il a reçu sa large part des projectiles; je revois l'immense salle à manger au plafond crevé : un grand canapé de velours vieil or occupe un côté; une déesse au léger costume, paresseusement allongée, regarde du haut de son cadre doré le désordre sans nom qui l'entoure; à remarquer que tous les placards et tiroirs sont ouverts. En traversant la cour, je trouve un petit cendrier en faïence, je l'emporte précieusement comme souvenir; que son légitime propriétaire m'excuse!

L'église, pauvre petit sanctuaire de campagne, est littéralement hachée; un reliquaire élevé sur deux bras surmonte l'allée centrale, lui seul est intact avec un grand Christ qui, au fond de la nef, regarde douloureusement l'état pitoyable de sa maison.

Au tournant de la rue, à l'endroit où, il y a deux jours, la fusillade nous a surpris, un cycliste est étendu, face contre terre, les bras en croix...

....

Samedi 3 octobre 1914. — La grande route nous attend et, à 4 heures, nous nous dirigeons sur Proyart; nous sommes réserve du 14° corps d'armée.

Le général, par l'organe du capitaine, félicite le 153°, qui a permis au 14° corps de marcher en avant.

Toute la journée nous sommes à l'abri dans un vallon et nous dormons allongés au soleil. En allant, de temps en temps, poser des sentinelles sur une crête voisine, je passe devant un grand tertre surmonté d'une croix et sous lequel dorment vingt-sept soldats français. Je reste un instant rêveur devant ce passé et un peu mélancolique; je songe à l'avenir, aux amis qui ne demandent qu'à marcher et qui, peut-être, finiront comme ceux qui, là-haut, dorment leur dernier et glorieux sommeil.

....

Mercredi 7 octobre 1914. — A 5 heures, nous quittons Bayencourt. Par un chemin creux, bordé de haies, nous descendons dans un ravin; au fond, une colline boisée ferme l'horizon, le soleil se lève derrière; dans le brouillard matinal, des soldats groupés au hasard des connaissances forment un tableau intéressant : il ne manque qu'un peintre pour fixer cette vision.

Une partie de la journée, nous restons au même endroit; une impression de sécurité nous entoure. Je ne le répéterais jamais assez : c'est extraordinaire ce qu'on a vite fait d'oublier les angoisses de la veille, qui reviendront demain... ou tout à l'heure.

15 *heures*. — Ordre d'aller attaquer la ferme de la Brayelle, près Fonquevillers. Tant que nous sommes en plaine, tout va bien; un rideau d'arbres nous dérobe à la vue de l'ennemi: un grand moulin à vent étend au-dessus de nous ses ailes mélancoliques. Nous approchons de Fonquevillers et, en même temps, des obus.

Brusquement, nous débouchons dans une cour de ferme. Nous contournons un obus non éclaté qui se prélasse sur un fumier. Dans la rue, une grêle de balles nous accueille; la rue est prise en enfilade par la salve; nous nous défilons le mieux possible le long des murs. Pauvre village! Les murs sont criblés, les toitures en partie détruites... Et nous avançons toujours, et sortons enfin de cet enfer; le talus d'un chemin creux nous permet de souffler un peu.

Sous la fusillade qui reprend, nous nous approchons jusqu'à environ huit cents mètres des Boches et creusons vivement une tranchée où nous nous tapissons sans nous faire prier.

....

Dimanche 11 octobre 1914. — Avant le jour, nous quittons Bienvillers-au-Bois; à la sortie, deux autos-mitrailleuses sont braquées sur la route. Dans le brouillard, nous allons occuper des tranchées à peu de distance des maisons. Toute la journée nous restons immobiles, tandis qu'un violent duel d'artillerie fait passer sans cesse les obus au-dessus de nos têtes.

A huit cents mètres en avant, les Allemands creusent des tranchées; nous les voyons parfaitement, et nous nous distrayons en les canardant.

De 18 heures à 21 heures, je prends le poste d'écoute et là, seul, avec deux hommes, nous surveillons la campagne. Nous entendons très bien les Boches causer. Ces heures de poste d'écoute sont extrêmement fatigantes; l'œil et l'oreille tendus, on croit toujours voir ou entendre quelque chose. Un de mes hommes me prévient qu'il perçoit quelque mouvement devant nous, il veut tirer, je l'en empêche, ne voulant pas alarmer inutilement la tranchée d'arrière; il insiste; de mon côté, je crois également entendre, mais nous sommes bien cachés, je veux encore attendre un instant et bien m'en prit, car une superbe vache défile devant nous!

....

Vendredi 23 octobre 1914. — **Hébuterne**. — Une belle journée s'annonce, nous sommes bien tranquilles, nous nous sentons presque aussi en sécurité qu'à Sailly-aux-Bois; en plein jour, nous pouvons sortir de la tranchée.

L'impression générale est que nous sommes simplement ici pour faire voir aux territoriaux, qui sont venus nous renforcer hier, ce que c'est qu'une tranchée, et que rien de dangereux n'existe devant nous.

La plaine est légèrement accidentée; à l'horizon, un pays et un clocher, probablement Puisieux! De temps à autre, un aéro vient nous distraire.

15 *heures*. — Grande nouvelle : dans une heure, nous devons, section par section, quitter notre abri et aller attaquer une ferme que nous ne voyons pas, dissimulée qu'elle est par un pli de terrain. Les Allemands se sont retranchés dans les bâtiments et il faut les en déloger.

16 *heures*. — Le moment est arrivé : chaque fraction quitte à son tour la tranchée, se déploie en tirailleur, fait un bond en avant, s'aplatit; une autre lui succède. Le premier bond se passe sans accroc. Au second, une grêle de balles nous accueille, d'où viennent-elles? On ne voit absolument rien devant nous que la plaine! Une petite côte à monter. Un troisième bond nous la fait escalader et, sur la crête, nous nous couchons dans un champ de betteraves. Quelques camarades jalonnent déjà le chemin parcouru... Un grand choc... c'est mon tour..., je suis touché! Au même instant, le lieutenant qui se trouve à côté de moi reçoit également sa part. Le capitaine enlève sa section pour un nouveau bond; je lui crie un : « Au revoir, mon capitaine! » qui, hélas! devait se transformer en adieu! car une balle dans la tête coucha pour toujours celui qui avait passé dans les tempêtes de Morhange et de Crévic sans attraper une égratignure.

Mon lieutenant et moi décidons de regagner l'arrière. Les balles pleuvent autour de nous; il faut risquer le tout pour le tout. En rampant, nous faisons à peu près un kilomètre; en combien de temps? je ne sais. Un repli de terrain nous abrite des projectiles; mon lieutenant file tout droit; moi, je préfère attendre.

Le soleil descend, la fusillade crépite, quelques coups de canon dominent le concert. Je me dirige sur Hébuterne. Derrière de gros nuages noirs, le soleil teinte de rouge le ciel; devant moi, la plaine s'étend, toute semée de corps étendus. Quelques-uns ne bougent plus, d'autres se plaignent, appellent les brancardiers : une beauté grandiose se dégage de ce tableau. Quel décor idéal pour la scène de Wagram, de l'Aiglon; j'oublie ma blessure pour admirer le tableau que j'ai sous les yeux!

Un chemin creux me conduit à la route où sont nos tranchées; je rencontre un homme de mon escouade qui a une balle dans la tête; à deux, nous nous sentons plus solides.

Hébuterne, le poste de secours, l'affolement des infirmiers devant les blessés qui arrivent de plus en plus nombreux, un pansement sommaire, et en route pour Sailly-aux-Bois où nous trouverons des voitures pour aller plus loin.

La nuit est délicieuse. Nous rencontrons un troisième blessé dont le bras est cassé, et, ensemble, nous arrivons à Sailly. L'ambulance est installée en face de la maison d'où, hier, nous sommes partis bien portants... Les voitures arrivent et, dans l'obscurité, nous partons. Notre conducteur n'a pas l'air très sûr de sa direction; pourvu qu'il ne nous mène pas dans les lignes boches!

Nous roulons toujours, et les heures commencent à se faire longues. Arrêt; nous sommes devant le perron d'un majestueux château. Portes à deux battants ouvertes, nous pénétrons dans une vaste antichambre. On nous fait entrer dans un grand salon ou, plutôt, dans ce qui fut un grand salon : pièce très vaste complètement démeublée; seuls, aux murs, des portraits d'ancêtres nous contemplent. De somptueuses tentures garnissent les fenêtres et dans un coin, sur de la paille, des blessés sont allongés. Sous la lumière crue de l'électricité, le major, assisté de l'aumônier, fait des pansements. Quels constrastes! et quel superbe sujet pour un tableau!

Samedi 24 *octobre* 1914. — Des automobiles viennent nous prendre à notre château, j'apprends que nous sommes à Couin.

Confortablement allongé sur un brancard, je roule à travers une campagne que je ne vois pas, car les rideaux de notre ambulance sont baissés; néanmoins, la sensation est agréable de voyager de cette façon.

Doullens; je regarde par la fente du rideau. Me voici dans une vraie ville; il y a longtemps que cela ne m'était arrivé. Nous allons devant plusieurs hôpitaux, personne ne veut de nous; nous nous casons tout de même. Une grande maison bourgeoise, transformée en hôpital temporaire et tenue par les Dames de la Croix-Rouge, nous abrite. On me conduit dans une chambre où il y a un lit! un lit, meuble presque fantastique pour moi. Je puis donc me déshabiller et me coucher : voilà exactement cinquante-neuf jours que je n'en ai fait autant! C'est une véritable jouissance pour moi de me fourrer dans les draps. Ce sont là de petites sensations qu'on ne peut décrire et qu'il faut avoir éprouvées pour pouvoir les comprendre.

Comment et quels termes employer pour décrire les attentions, les soins dont nous sommes entourés de la part de nos volontaires et admirables infirmières? Un désir n'est-il pas exprimé qu'il a reçu satisfaction. Je me rappelle ma première nuit passée ici où une aimable veilleuse de nuit me réveillait à tout instant pour m'offrir quelque chose!

Et l'on traitait de frivoles nos Femmes de France! Il a fallu les voir à l'œuvre pour retrouver sous la couche superficielle de légèreté qu'on leur reprochait toutes les véritables Françaises, fortes, vaillantes, et surtout dévouées..., comme seules savent l'être des femmes! Inclinons-nous très bas devant elles et ne leur marchandons pas une reconnaissance à laquelle elles ont tant de droits!

Mercredi 28 *octobre* 1914. — *Châteaudun, 4 heures.* — Dans l'incertitude d'un jour grisâtre, nous débarquons à Châteaudun. Des voitures nous attendent à la gare et nous conduisent à notre hôtel provisoire. L'hôpital est installé dans un quartier de cavalerie (quartier de Brack); nous sommes dans une vraie chambre de caserne. La première impression est plutôt fraîche, mais le soleil arrive, les Dames de France aussi, alors tout s'éclaircit; les figures ont changé, mais le costume, les sourires et surtout les gâteries sont les mêmes qu'à Doullens, le même cœur bat partout!...

Et maintenant, les jours vont succéder aux jours, tranquilles, un peu mornes, coupés seulement par la lecture des journaux et d'interminables bavardages.

....

Mercredi 18 *novembre* 1914. — *Béziers.* — Mon carnet ne devient guère intéressant, les événements sensationnels sont rares dans la triste vie du dépôt. Et pourtant que de choses pittoresques, une sentinelle monte la garde en galoches, une autre en bonnet de police; un caporal éclopé conduit la corvée de quartier une canne à la main... on sort dans n'importe quelle tenue... Où sont les étroites consignes du temps de paix?

....

Lundi 30 *novembre* 1914. — *Béziers.* — Pour la première fois, je suis de jour, et justement, je voulais demander une permission de l'après-midi. Mais tout s'arrange, je me fais remplacer et, permission en poche, je m'achemine vers la cathédrale de Béziers où, sous la présidence de Son Eminence le Cardinal de Cabrières, évêque de Montpellier, Emma Calvé doit donner un concert spirituel au profit des blessés.

Je ne veux pas et ne peux parler de la partie musicale, mes connaissances ne me le permettant pas, mais il semble que le critique le plus sévère eût été satisfait.

Lorsque Mgr de Cabrières fait son entrée, je suis stupéfait à la vue de ce petit vieillard (il a 84 ans), marchant écrasé sous la pourpre cardinalice, appuyé au bras de son coadjuteur, et je ne peux croire que les articles vibrants de patriotisme que j'avais lus et tant admirés aient été écrits par cet homme qui ne semble plus tenir à la vie que par un fil. Quelle surprise lorsqu'il est en chaire! De ce corps qu'un souffle jetterait bas, sort, d'une voix très nette, un sermon d'une envolée patriotique et d'un style littéraire merveilleux. Il est presque sacrilège et un peu audacieux de vouloir résumer un pareil morceau d'éloquence, je veux néanmoins l'essayer. Après avoir remercié les personnes présentes, l'orateur nous fait une peinture des vieilles églises où, plus que jamais, il faut se rendre aujourd'hui, car les pierres de ces monuments sont intimement liées à notre vie même; elles ont pleuré de nos tristesses, frémi de nos joies, et, dans quelques semaines, quelques mois peut-être, elles tressailleront du *Te Deum* de la Victoire...

C'est alors une comparaison entre la fine et élégante culture française et la lourde « kultur » germanique. Par une adorable phrase de vieillard : « Permettez-moi de me rappeler que je suis vieux », Mgr de Cabrières évoque la guerre de 1870 qu'il a vue, et il établit un parallèle entre celle-ci et la guerre d'aujourd'hui au point de vue cause et élan.

C'est ensuite un remerciement à la grande artiste, à cette « pèlerine de l'Art » qui va, d'église en église, mettre sa voix au service des blessés. « L'art n'est pas de la joie, dit-il, c'est une chose sacrée lorsqu'il est au service de la charité ». Et le sermon s'achève par une apologie de la voix, interprète de l'intelligence qui monte, monte jusqu'à Dieu... Et l'orateur ayant quitté la chaire, je reste longtemps sous le charme, regrettant que la parole tant admirée ne résonnât plus à mon oreille.

....

17 décembre 1914. — Je retourne à la visite et à ma grande surprise, je suis proposé pour l'auxiliaire. Finis mes rêves guerriers! Cela me fait un peu mal au cœur, mais il me faut m'incliner devant un fait acquis.

....

27 décembre 1914. — Je suis désigné pour commander le piquet en armes à l'enterrement d'un malheureux soldat décédé dans un hôpital de la ville. En suivant mélancoliquement ce cercueil recouvert d'un drap tricolore qui miroitait au soleil, je songe à cet inconnu que j'accompagne..., à la vie calme que je vais reprendre..., à la guerre que je n'ai fait qu'entrevoir..., et il me semble que c'est un peu de moi-même que le corbillard emporte... que c'est mon âme de soldat qui s'éteint.

Ma campagne a tenu entre deux actes symboliques : avant le premier contact de l'ennemi, une veillée des armes dans une église et, pour terminer, un enterrement militaire.

Et le lundi 28 décembre 1914, je m'embarque à 14 heures pour regagner l'Yonne; je suis rendu à la vie civile, alors que, hélas! **la guerre dure toujours!**

www.ingramcontent.com/pod-product-compliance
Lightning Source LLC
Chambersburg PA
CBHW060920050426
42453CB00010B/1833